FACULTÉ DE DROIT DE PARIS.

THÈSE
POUR LA LICENCE.

L'Acte public sur les matières ci-après sera soutenu,

le lundi 7 août 1854, à onze heures,

Par AUGUSTE-ANGÉLIQUE VAVASSEUR, né à Bu (Eure-et-Loir).

Président, M. PERREYVE, Professeur.

Suffragants :
MM. DE PORTETS,	
OUDOT,	Professeurs.
ORTOLAN,	
ROUSTAIN,	Suppléant.

*Le Candidat répondra en outre aux questions qui lui seront faites
sur les autres matières de l'enseignement.*

PARIS.

VINCHON, FILS ET SUCCESSEUR DE Mme Ve BALLARD,
Imprimeur de la Faculté de Droit,
RUE J.-J. ROUSSEAU, 8.

—

1854.

3334

A MA MÈRE.

JUS ROMANUM.

DE EDENDO.

(Dig., II, 13.)

Edere actionem, est vel dictare, vel tradere libellum ; edere est etiam, ait Labeo, producere adversarium ad album, et ei demonstrare quod dictaturus est.

Coguntur edere, omnes qui actori sunt.

Argentariæ mensæ exercitores, qui singulorum rationes conficiunt, ad editionem singulis compelluntur. Etiam filiusfamilias; patrem et cogendum, si quæstus ei refertur. Etiam servus; dominum et compellendum de peculio, vel de in rem verso.

Rationem esse, ultro citro dandi, accipiendi, credendi, obligandi, solvendi sui causa negotiationem.

Prohibet edictum argentario edi ; tamen ipsi edenda est ex causa ratio, si veluti naufragio, vel ruina, vel incendio, rationes perdidisse probet.

Argentarius, dolo malo non exhibens, culpam præstat; autem id præstat, non quod hodie interest, sed cum decerneretur a prætore.

Procurator, socius, tutor, non a prætore per edictum edere compelluntur, sed propriis actionibus, scilicet, mandati, pro socio, tutelæ.

Nummularii, sicut argentarii, rationes edere coguntur, quarum scriptura codicibusque probatio.

DE INTERROGATIONIBUS IN· JURE FACIENDIS.
(Dig., xi, 1.)

Heres, bonorumve possessor, in jure interrogari possunt, qua ex parte heres, vel bonorum possessor; ut vel confitendo, vel denegando ex sua responsione adstringerent.

Quis interrogatur ad deliberandum tempus impetrat; interdum respondere non cogitur; ut puta, si hereditas ab alio sit controversa.

Si quis non heres responderit se heredem esse, fides ei contra se habebitur; si tacuerit apud praetorem, in solidum tenebitur.

Qui responderit in jure, quasi ex contractu obligatus.

In jure interrogatus, an in potestate habeat eum cujus nomine noxali judicio agitur, respondere cogitur. Item, an fundum possideat, vel quota ex parte fundi; item et si damni infecti caveamus.

DE PROBATIONIBUS ET PRÆSUMPTIONIBUS.
(Dig., xxii, 3. C. iv, 19.)

Ei incumbit probatio, qui dicit, non qui negat.

Neque possessori onus est probandi.

In exceptionibus, reum præstare probationem debere; tunc partibus actoris fungitur.

Instrumenta domestica, vel rationes in bonis defuncti inventa, ad probationem sufficere non possunt, nisi cum aliis adjuventis.

In chirographo, si pecuniæ ex alia causa dicuntur, non esse vim obligationis.

Non epistolis consanguinitas probatur; nec adseverationibus nudis constituitur; sed natalibus, vel in matrimonio legitimo conceptione, vel adoptionis solemnitate.

DE TESTIBUS.
(Dig., xxii, 5. C., iv, 20.)

In omnibus causis, criminalibus vel pecuniariis, adhiberi testimonia possunt.

Tamen in controversia ingenuitatis, soli testes non sufficiunt. Imperator Adrianus rescripsit : *testibus se, non testimoniis crediturum;* ideo testimonia quæ recitari solent, facile non admittenda.

Testes jurisjurandi religione arctari præceptum est.

Testes duo sufficiunt; ut omnino non audiatur unus testis, etiam si curiæ honore præfulgeat.

Derogatio testium facilitati præcepta : si in scriptis pecunia debita, testimonium ad solutionis probationem non admittitur, nisi quinque testes idonei, integræ existimationis, solutioni præsto fuerint. Si autem solutionis scriptura casu fortuito erit perempta, casu probato, solutionem testes probare possunt.

DE CONFESSIS.
(Dig., xlii, 2, C. vii, 59.)

Confessio in jure pro judicato habetur; nulla tamen si confessus factum, non jus, ignoravit.

Confessus certum legatum, etiamsi natura rerum non fuisset, condemnandus est; sed non semper nec omnimodo de omni re quæ non exstet.

POSITIONES.

I. Ab argentario quisque non compellitur ad editionem, nisi ex causa.

II. Interrogatus in jure, quasi ex contractu, ex sua responsione adstringitur.

III. Unus testis non omnino sufficit.

IV. Errore juris ex confesso, nihilominus viget confessio.

DROIT FRANÇAIS.

DU TÉMOIGNAGE, DES PRÉSOMPTIONS ET DE L'AVEU CONSIDÉRÉS COMME MOYENS DE PREUVE.

DE LA PREUVE EN GÉNÉRAL.

(Art. 1315, Code Nap.).

La loi, d'accord avec la raison, n'a pu laisser ni à l'arbitraire des juges, ni au témoignage des intéressés, le pouvoir d'établir l'existence ou l'extinction des obligations.

Sans doute une obligation existe, une obligation est éteinte, indépendamment de tout témoignage comme de toute appréciation; mais il n'en est ainsi qu'au point de vue purement spéculatif; et, en philosophie comme en jurisprudence, un fait n'a de valeur et n'acquiert, en quelque sorte, l'existence réelle qu'autant qu'il a été démontré par des preuves irrécusables.

La preuve est donc ce qui produira dans l'esprit une certitude morale.

Domat définit la preuve : *Tout ce qui persuade l'esprit d'une vérité*; en donnant cette définition, l'illustre jurisconsulte n'avait en vue que cette vérité présumée qui naît de la chose jugée; si nous n'étions retenu par le profond respect que nous professons pour l'auteur des *Lois civiles*, peut-être poserions-nous la question de savoir s'il ne serait pas plus exact de dire simplement : *La preuve est tout ce qui persuade l'esprit.*

On distinguait, autrefois, les preuves parfaites ou *pleines*, des preuves imparfaites qu'on appelait *moins pleines* ou *semi-pleines;* notre Code n'a pas maintenu cette distinction, dont il semble cependant avoir conservé la trace en admettant les commencements de preuve par écrit.

On reconnaissait aussi à la notoriété publique la force d'une preuve ; c'était l'application judiciaire de l'adage : *Vox populi, vox Dei.* Mais le législateur moderne s'est montré plus précis et plus rigoureux ; redoutant les chances d'erreurs inévitables en pareil cas, il n'a admis ce genre de preuve, sous le nom de preuve par commune renommée, que dans des cas exceptionnels assez rares.

C'est naturellement à celui qui prend le rôle de demandeur qu'incombe la charge de prouver. Tant qu'il n'a pas fourni la preuve, ce qu'il a avancé reste à l'état de pure allégation, et le défendeur ne saurait être condamné.

Le demandeur, sous ce rapport, n'est pas seulement celui qui intente l'action, mais encore celui qui oppose une exception. Ainsi, je soutiens avoir payé la dette que vous me réclamez et dont vous représentez le titre, je deviens demandeur en proposant l'exception de payement, et c'est à moi à prouver le payement.

Il y avait, dans le droit romain, une exception célèbre, l'exception *non numeratæ pecuniæ*, qui rejetait le fardeau de la preuve sur le créancier, quoiqu'il fût muni d'un titre ; c'était une dérogation au principe général, puisque le débiteur, en invoquant le bénéfice de l'exception, se rendait, par là même, demandeur. Ce bénéfice extraordinaire, tenant à certaines causes spéciales à la législation romaine, fut supprimé en France lors de la réformation des coutumes.

Si la cause de l'obligation n'est pas exprimée, c'est néanmoins au débiteur à prouver, s'il y a lieu, l'absence de cause.

Une négative peut-elle et doit-elle être prouvée? C'est là une question qui a beaucoup occupé les anciens glossateurs. Trois espèces de négatives furent imaginées par eux : celle d'un droit, celle d'une qualité et celle d'un fait. Ils admettaient la preuve pour les deux premières espèces de négatives et aussi pour la négative d'un fait défini, mais ils la refusaient pour celle d'un fait indéfini. Ces classifications subtiles ont été abandonnées, et on a reconnu que, dans les cas très-rares qui rendent cette preuve nécessaire, il sera, la plupart du temps, facile d'arriver à fournir cette preuve, soit directement, soit indirectement.

DE LA PREUVE TESTIMONIALE.

(Art. 1351 à 1348, Code Nap.),

La preuve testimoniale fut longtemps la seule en usage.

Autrefois, en France, cette maxime avait cours : *Témoings passent lettres.*

On reconnut enfin la fragilité de la preuve testimoniale, *les inconvénients et involutions de procès* (1) auxquels elle entraînait. L'ordonnance de Moulins, rendue en 1566, sous l'inspiration du chancelier de Lhospital disposa « que, dorénavant, de « toutes choses ou valeurs excédant la somme ou valeur de « 150 livres pour une fois payées, seront passés contrats par « devant notaires et témoins, par lesquels contrats seulement « sera faite et reçue toute preuve desdites matières. »

(1) Ordonnance de Moulin.

9

Une autre disposition défend la preuve testimoniale en ces termes : « Sans recevoir aucune preuve par témoins, outre le « contenu audit contrat, ni sur ce qui serait allégué avoir été « dit ou convenu avant icelui, lors et depuis. »

Malgré la prescription impérative de l'art. 1er, un autre article de l'ordonnance déclare ne pas exclure les conventions faites par les parties « sous leurs seings, sceaux et écritures « privées. »

Une autre ordonnance, rendue en 1667, vint rendre hommage à la sagesse de la précédente, en confirmant et développant ses dispositions; et à son tour, le Code Napoléon reproduisit à peu près littéralement dans son art. 1341, l'art 2, titre 20, de l'ordonnance de 1667. Seulement le taux de l'admissibilité de la preuve testimoniale fut porté de 100 livres à 150 francs.

La foi au témoignage des hommes n'est fondée que sur cette double présomption que le témoin n'est ni trompé ni trompeur ; il était donc dangereux de laisser l'honneur des familles, la conservation des patrimoines, à la disposition de témoins pouvant toujours être subornés ou parjures. C'est pour conjurer ce danger, et aussi pour diminuer le nombre des procès, que le législateur a interdit aux juges de recevoir la preuve testimoniale au delà de la limite qu'il a fixée.

L'interdiction va plus loin. Le Code Napoléon, à l'exemple des deux ordonnances de 1566 et 1667, défend aux juges de recevoir « aucune preuve par témoins contre et outre le contenu « aux actes, ni sur ce qui serait allégué avoir été dit avant, lors « ou depuis les actes, encore qu'il s'agisse d'une somme ou « valeur moindre de 150 francs. »

La règle légale peut donc se décomposer ainsi :

S'il y a un acte, interdiction absolue de la preuve testimoniale.

S'il n'y a pas d'acte, admission de cette preuve au dessous de 150 fr.

Cette dernière partie de la règle reçoit même exception dans certains cas, où la prohibition du témoignage devient absolue; on peut citer notamment :

Le bail fait sans écrit; s'il n'est pas commencé, le serment peut seulement être déféré à celui qui nie; s'il est commencé, le prix du bail sera déterminé par les quittances, et à défaut de quittances, par le serment du propriétaire, à moins que le locataire ne préfère une expertise (art. 1715 et 1716, C. Nap.).

La constitution des servitudes continues non apparentes et des servitudes discontinues, apparentes ou non apparentes (article 690).

La transaction (art. 2044).

L'antichrèse (art. 2085).

Le compromis (art. 1005, C. de proc.).

Les actes soumis à certaines formes solennelles, tels que : le contrat de mariage, la donation, le testament, la constitution d'hypothèque.

Examinons les diverses difficultés qui peuvent surgir dans la fixation du taux de la demande.

Si la dette produit des intérêts, il faut les calculer jusqu'au jour de la demande et les réunir au capital; si le total dépasse 150 fr., la demande n'est pas recevable; c'est en vain que le demandeur restreindrait ultérieurement sa prétention.

Si la somme réclamée, quoique inférieure à 150 fr., faisait partie ou formait le solde d'une créance supérieure à cette somme, le juge devrait encore refuser la preuve testimoniale; car les parties auraient dès l'origine violé la prescription que la loi leur imposait.

On doit donc avoir égard, pour l'admissibilité du témoignage, tout à la fois à l'époque de la création de la dette, et à l'époque de la demande.

Lorsqu'un créancier demande à la fois le payement de plu-

sieurs créances qui, réunies, excèdent 150 fr., la preuve testimoniale lui est également refusée, à moins qu'elles ne lui soient
provenues par succession ou autrement de personnes diffé-
rentes.

Une autre hypothèse est prévue par l'art. 1346.

J'ai contre Primus deux créances qui ensemble dépassent
150 fr., soit de 100 chacune ; je me borne à demander d'abord
le payement d'une seule créance pour laquelle j'obtiens condam-
nation ; puis je demande la seconde créance ; cette seconde demande ne devra pas être reçue, aux termes de l'art. 1346, qui
exige que les demandes soient formées par un même exploit.

Il n'en serait pas ainsi toutefois si la seconde créance n'était
pas exigible lors de la première demande, ou si le même tribunal n'était pas compétent.

Le témoignage n'étant pas admis contre et outre le contenu
aux actes, il en résulte qu'en général les actes simulés doivent
être maintenus, il en serait autrement s'ils étaient le résultat
d'un dol, ou s'ils contenaient une fraude à la loi.

La prohibition de la preuve testimoniale au dessus de 150 fr.,
n'est pas absolue ; elle comporte trois exceptions principales :

La première, lorsqu'il existe un commencement de preuve
par écrit ;

La seconde, lorsqu'il n'a pas été possible au créancier de se
procurer ou de conserver une preuve écrite.

Et la troisième, pour les matières commerciales ;

Première exception. — Le commencement de preuve par
écrit est défini par l'art. 1347, tout acte par écrit réunissant ces
deux conditions : qu'il émane de celui à qui on l'oppose, et
qu'il rende vraisemblable le fait allégué.

Il n'est pas nécessaire que l'écrit destiné à servir de commencement de preuve soit un acte dans le sens restreint de ce mot ;
une lettre missive serait certainement suffisante.

Que ce soit du reste un acte, une lettre, un registre ou toute autre pièce, la signature n'est pas indispensable, si la pièce est écrite de la main du défendeur; réciproquement la pièce n'a pas besoin d'être écrite par le défendeur, si elle est signée de lui.

Mais que décider s'il s'agit d'un billet émanant d'une personne qui devait mettre le bon ou approuvé en toutes lettres, conformément à l'art. 1326, et revêtu simplement de sa signature? Ce billet, qui n'est pas déclaré nul par la loi, pourrait servir de commencement de preuve, car il rendrait certainement la dette vraisemblable. On peut en dire autant d'un acte sous seing privé contenant des conventions synallagmatiques et qui n'aurait pas été fait en double original.

Un titre prescrit ne peut servir de commencement de preuve par écrit de l'interruption de la prescription.

Un testament contenant une reconnaissance de dette pourrait servir de commencement de preuve par écrit, malgré sa révocation ou son annulation pour vice de forme.

Les copies, tirées sur la minute des actes, et leur transcription sur les registres publics, peuvent aussi, en certains cas, servir de commencement de preuve par écrit.

Quand il y a commencement de preuve par écrit, le juge peut toujours d'office déférer le serment au demandeur.

Deuxième exception. — La prohibition de la preuve testimoniale cesse encore toutes les fois qu'il y a eu impossibilité de se procurer ou de conserver la preuve écrite.

L'art. 1348, purement énonciatif du reste, cite quatre cas d'impossibilité :

1° Pour les obligations qui naissent des quasi-contrats, délits et quasi-délits.

Cependant le témoignage n'est pas admissible pour tous les quasi-contrats. Ainsi, je réclame une somme que je soutiens avoir payée par erreur ; il m'était possible d'en retirer quittance, je ne pourrai donc en prouver le payement par témoins ; ainsi encore, dans le quasi-contrat de gestion d'affaires, le gérant doit produire les quittances de ses déboursés au delà de 150 fr.

Un délit, même au criminel, ne pourra non plus être prouvé par témoins s'il implique l'existence d'un contrat ou d'un fait licite antérieur, non reconnu, et qui ne permet pas la preuve testimoniale. Ainsi, la violation d'un dépôt, le détournement d'un gage, l'abus d'un blanc-seing, ne pourront être poursuivis qu'après avoir fourni la preuve du dépôt, de la remise du gage et du blanc-seing.

2° L'impossibilité et, par suite, la dispense d'une preuve écrite existe encore dans le cas de dépôt nécessaire, pendant un incendie, un tumulte, etc. La loi considère comme dépôts nécessaires ceux faits par les voyageurs en logeant dans une hôtellerie. Si la quotité des sommes ou valeurs déposées n'était connue d'aucun témoin, le juge pourrait d'office déférer le serment au demandeur, mais en ayant soin de déterminer d'avance la somme jusqu'à concurrence de laquelle celui-ci serait cru sur son serment (art. 1369, C. Nap.).

Les voituriers par terre et par eau doivent, aux termes des art. 1782 et 1950 combinés, être assimilés aux hôteliers quant à la preuve des dépôts qui leur sont confiés.

Serait aussi enfin considéré comme dépôt nécessaire pouvant être prouvé par témoins, la remise de pièces à un officier ministériel à l'occasion d'un procès.

3° Le troisième cas d'impossibilité, prévu par l'art. 1348, est celui d'obligations contractées lors d'un accident imprévu, ne permettant pas la rédaction d'un écrit ; la loi confie au juge le pouvoir discrétionnaire d'apprécier l'impossibilité.

4° Enfin l'art. 1348 admet la preuve testimoniale si le créancier a-perdu le titre qui lui servait de preuve littérale, par suite d'un cas fortuit, imprévu, et résultant d'une force majeure. Il ne suffirait pas au demandeur d'alléguer vaguement la perte de son titre, car ce serait un moyen indirect, trop facile, de violer la prohibition de la preuve orale; il doit donc prouver qu'il possédait le titre du droit qu'il réclame, qu'il a été victime d'un événement de force majeure, et que c'est dans cet événement que son titre a péri. Il serait rigoureux de demander que les témoins déclarent avoir vu précisément périr le titre, ou encore qu'ils en avaient lu ou entendu lire le contenu. Lorsque l'événement de force majeure sera constant, lorsque les circonstances auront fait acquérir au juge la conviction que le titre a dû périr dans le sinistre, le demandeur, à défaut de témoins qui aient lu le titre, devra être admis à prouver par simple témoignage l'existence même de son droit.

Si le titre perdu était un acte notarié, pour la validité duquel certaines formalités auraient été nécessaires, la déposition des témoins devrait porter sur l'accomplissement de ces formalités.

N'y a-t-il pas à ajouter aux exemples cités par l'art. 1348, comme autorisant la preuve testimoniale, le cas de dol et de fraude? L'art. 1353, dont la rédaction laisse à désirer, admet comme suffisantes, pour la preuve du dol et de la fraude, les simples présomptions du magistrat. N'en faut-il pas conclure *a fortiori* que cette preuve se pourra faire par témoins? Oui, sans doute, en général la preuve testimoniale devra être admise; mais pourtant il faut reconnaître que pour ces dols postérieurs au contrat, et qui la plupart du temps prendront le caractère de délits qualifiés, comme la violation d'un dépôt, le détournement d'un gage, la preuve testimoniale n'en serait recevable, au civil comme au criminel, qu'après la preuve légalement fournie du dépôt ou du gage même.

Le témoignage ne pourrait être reçu par les juges hors des

cas prévus par la loi, même du consentement de la partie contre laquelle on l'invoquerait; le jugement qui l'admettrait devrait être cassé comme violant l'art. 1341 du Code Nap.

Troisième exception. — La prohibition de la preuve testimoniale cesse enfin dans les matières commerciales.

DES PRÉSOMPTIONS.

(Art. 1349 et 1353, Code Nap.)

La preuve, avons-nous dit, est ce qui produit dans l'esprit une certitude morale; on pourrait dire qu'une simple présomption n'étant autre chose qu'une induction tirée d'un fait connu à un fait inconnu, ne produira que la vraisemblance; mais cette vraisemblance pourra, dans certains cas, acquérir un tel degré de force par la réunion ou la comparaison des divers éléments de la cause, qu'elle se transformera alors en une certitude complète.

Nous laissons de côté les présomptions de la loi pour ne nous occuper que de celles abandonnées aux lumières du juge et à la prudence du magistrat.

Ces présomptions, nous dit l'art. 1353, doivent être graves, précises et concordantes; il ne faudrait cependant pas conclure de là que le juge ne pourra pas se décider sur une seule présomption; ne pourra-t-il pas arriver que telle présomption isolée soit plus sûre que plusieurs réunies, même concordantes entre elles?

Elles sont admises dans tous les cas où la preuve testimoniale l'est elle-même, et spécialement en cas de fraude ou de dol.

DE L'AVEU DE LA PARTIE.

(Art. 1354 à 1356, Code Nap.).

Si l'on devait en croire l'art. 1350, n° 4, l'aveu de la partie ne serait qu'une présomption légale. Si l'on consulte au contraire l'art. 1316, et la division par sections du chapitre des preuves, on est porté à décider, et c'est l'opinion la plus logique, qu'il faut ranger l'aveu au nombre des preuves.

La loi distingue l'aveu judiciaire et l'aveu extra-judiciaire.

L'aveu extra-judiciaire fait preuve complète s'il est écrit; mais, purement verbal, il ne peut être prouvé par témoins que si la demande elle-même est susceptible de l'être.

L'aveu judiciaire fait pleine foi contre celui de qui il émane; il doit être fait dans l'instance même où il est invoqué, soit à l'audience, soit dans un acte régulier de procédure, soit dans un interrogatoire sur faits et articles.

S'il était fait dans la plaidoirie par l'avocat, il n'aurait de valeur qu'autant que l'avoué, présent, l'aurait approuvé. D'ailleurs l'avoué, non muni d'un mandat spécial, pourra toujours être désavoué par sa partie, et si le désaveu est jugé valable, les juges sont autorisés à annuler le jugement, même passé en force de chose jugée, qui aura été rendu sur la procédure désavouée.

L'aveu régulièrement fait est acquis à l'autre partie et ne peut être révoqué, si ce n'est pour erreur de fait.

L'aveu judiciaire est indivisible, non pourtant d'une manière absolue; car, s'il y a plusieurs faits dans l'aveu, ils pourront être divisés s'il n'y a pas entre eux une connexité naturelle, une liaison intime.

DE LA PREUVE EN MATIÈRE COMMERCIALE.
(Art. 109, Code com.).

Le législateur, respectant un usage immémorial, résultat de nécessités qui ne peuvent changer, a dû accorder une latitude presque indéfinie pour la preuve des affaires commerciales.

Ainsi, suivant l'art. 109 du Code de commerce, les achats et ventes se constatent : par actes publics ou sous seings privés, par les bordereaux et arrêtés des agents de change et courtiers, dûment signés par les parties ; par une facture acceptée, par la correspondance, par les livres des parties ; et enfin par la preuve testimoniale dans le cas où le tribunal croira devoir l'admettre.

Ainsi, pas de limites pour l'admission de la preuve testimoniale ; le tribunal est souverain appréciateur à cet égard.

L'art. 109 ne cite que les achats et ventes, parce que ce sont les actes les plus ordinaires du commerce ; mais il y a parité de raison pour admettre, au bénéfice des mêmes preuves, la plupart des autres actes commerciaux ; pourtant il y en a quelques-uns, comme la société, les charte-parties, les contrats à la grosse, les assurances, qui doivent être nécessairement rédigés par écrit.

Quant aux livres de commerce, déjà l'art. 12 avait dit qu'ils pouvaient être admis, s'ils étaient régulièrement tenus, pour faire preuve entre commerçants des faits de commerce ; et l'article 17, que si la partie aux livres de laquelle on offrait d'ajouter foi refusait de les représenter, le juge pourrait déférer le serment à l'autre partie.

DES ENQUÊTES.
(Art. 252 à 294, Cod. proc. civ.)

L'enquête est la procédure organisée pour l'audition des témoins, dans le cas où la preuve testimoniale est admise.

Elle a lieu d'office, par l'ordre du tribunal, ou à la requête de la partie.

Dans ce dernier cas les faits sont articulés dans un simple acte, et, dans les trois jours, l'adversaire doit les reconnaître ou dénier, sinon ils peuvent être tenus pour avérés.

S'ils sont déniés, le tribunal ordonne l'enquête, mais après avoir jugé les faits admissibles, pertinents et concluants. Ce jugement est susceptible d'appel, et, comme pour tous les jugements interlocutoires, l'appel peut en être interjeté avant le jugement définitif.

Un juge est commis par le tribunal pour diriger l'enquête ; il rend une ordonnance à l'effet d'assigner les témoins, et dès ce jour l'enquête est réputée commencée ; cette ordonnance doit être rendue, à peine de nullité, huitaine après la signification à l'avoué ou à la partie.

Les témoins sont obligés de comparaître à peine de dommages et intérêts et d'amende ; le juge-commissaire peut même décerner contre eux un mandat d'amener. Ils sont entendus séparément en présence des parties, qui peuvent leur faire des interpellations par l'organe du juge-commissaire ; ils prêtent serment avant de déposer.

Nul ne peut être assigné comme témoin s'il est parent ou allié en ligne directe de l'une des parties, ou son conjoint même divorcé.

Divers reproches généraux et particuliers peuvent être faits contre les témoins. On peut citer, comme exemple de reproches généraux, la parenté ou l'alliance jusqu'au degré de cousin, issu de germain inclusivement, et, comme exemple de reproches particuliers, le fait d'avoir donné un certificat sur l'affaire, d'avoir bu ou mangé avec la partie, etc.

Les reproches doivent être proposés avant la déposition, à

moins qu'ils ne soient justifiés par écrit. La déposition est reçue, mais n'est pas lue si les reproches sont admis.

L'enquête doit être achevée dans la huitaine de l'audition des premiers témoins, à moins que le tribunal n'ait fixé ou n'accorde un plus long délai.

DE L'INTERROGATOIRE SUR FAITS ET ARTICLES.

(Art. 326 à 336, Code de proc. civ.)

L'interrogatoire, à la différence de l'enquête, ne peut jamais être ordonné d'office par le tribunal; c'est une faculté permise à chaque partie en tout état de cause et en toute matière.

Cette procédure a pour but d'obtenir, soit l'aveu de faits non prouvés, soit au moins un commencement de preuve par écrit de ces faits.

L'interrogatoire est ordonné sur une requête précisant les questions à poser, lesquelles doivent être pertinentes et concluantes. Le jugement, qui est rendu en l'absence de tout contradicteur, n'est susceptible ni d'opposition ni d'appel.

Vingt-quatre heures au moins avant l'interrogatoire, la requête et le jugement doivent être signifiés à la partie; cette signification peut avoir l'inconvénient de permettre la préparation des réponses; mais le juge commis peut d'office, soit par sa propre initiative, soit au moyen de notes que lui a fait passer la partie, faire toutes autres questions que celles portées sur la requête.

Celui qui requiert l'interrogatoire n'a pas le droit d'y assister; cependant sa présence seule serait de nature à paralyser plus d'un mensonge, et il est à regretter qu'elle ne soit pas autorisée.

En cas de non comparution ou de refus de répondre, les faits peuvent être tenus pour avérés.

Il existe un autre mode d'interrogatoire, moins coûteux et offrant plus de garantie de vérité : c'est la comparution des parties à l'audience ; cette mesure peut toujours être ordonnée par le juge (art. 117, C. Proc.), et le refus de comparaître ou de répondre pourrait aussi faire tenir les faits pour avérés.

QUESTIONS.

I. Si la cause de l'obligation n'est pas exprimée, le créancier est-il tenu de prouver l'existence de la cause? — Non, c'est au débiteur que la preuve incombe.

II. Un billet émanant d'une personne à l'égard de laquelle le bon ou approuvé en toutes lettres est exigé, et non revêtu de cette formalité, est-il complétement nul? — Non, il peut valoir comme commencement de preuve par écrit.

III. *Quid* d'un acte sous signatures privées, dont il n'a pas été fait autant d'originaux qu'il y a de parties ayant des intérêts distincts? — Il peut aussi servir de commencement de preuve par écrit.

IV. Les juges peuvent-ils, du consentement des parties, admettre la preuve orale dans les cas où la loi la prohibe? — Non.

V. Un testament, contenant une reconnaissance de dette, peut-il servir de preuve ou de commencement de preuve, est révoqué ou annulé pour vice de forme? — Oui.

Vu par le Président,
PERREYVE.

Vu par le Doyen,
C.-A. PELLAT.

www.ingramcontent.com/pod-product-compliance
Lightning Source LLC
Chambersburg PA
CBHW050432210326
41520CB00019B/5898